# 1. Einführung



Der Bibel kann auf unterschiedliche Weise kreativ begegnet werden. Eltern, Erziehende, Lehrende und Mitarbeitende im Kindergottesdienst wissen, dass man gerade für Kinder im Alter von 5–10 Jahren methodisch offen und abwechslungsreich arbeiten muss, wenn man biblische Geschichten nachhaltig vermitteln will. Da Kinder dieser Altersgruppe unterschiedliche Fähigkeiten mitbringen, ist es sinnvoll, über die vielfältigen Wege des szenischen, musikalischen und besonders auch des bildhaften Gestaltens biblischer Geschichten nachzudenken. Das neue Konzept der »Kinder-Bibel zum Selbstgestalten« will hierfür Orientierung geben. Daher wird im Folgenden kurz darauf eingegangen, in welchem Verhältnis dieses Konzept zu anderen Formen bildhaften Gestaltens biblischer Geschichten steht, das sich in der Regel zwischen Aus- oder Anmal-Bibeln und dem freien Malen bewegt. Beide Formen haben Stärken und Schwächen.

## a) Aus- und Anmal-Bibeln

Diese Gattung pädagogischen Materials ist vor dem Hintergrund der Einsicht entstanden, dass sich im frühen Primarbereich (3–8 Jahre) die Lese- und grafische Gestaltungsfähigkeit der Kinder erst noch entwickeln muss. In den pädagogischen Arbeitsfeldern unterscheidet man daher zwischen der Erstleser-Phase (letztes Kindergartenjahr, Klasse 1–2) bzw. dem »Kindergottesdienst für die Kleinen« und der Phase, in der die Kinder schon bessere Lesefertigkeiten besitzen (ca. ab dem achten Lebensjahr = Klasse 3–4).

Aus- und Anmal-Bibeln greifen eine biblische Geschichte auf und gestalten sie als Umrisszeichnung. Die Kinder brauchen dann nur noch mit Buntstiften, Wachsmal- oder Wasserfarben die Szene auszumalen und haben als Ergebnis eine schöne, bunte Bilder-Bibel.

Diese Methode ist sehr alt. Bereits in der Reformationszeit gab es kleine Holzschnitt-Bibeln, die zur Kolorierung Anreiz gaben. Um 1710 findet man mit Johann Hübners »Biblische Historien« die ersten Bilder in Haus- und Schulbibeln, die eine große Verbreitung fanden und zum Anmalen anregten. Vom 19. Jahrhundert bis zum Zweiten Weltkrieg waren es die Bilder im Stile von Julius Schnorr von Carolsfeld, die Kinder in Schul- und Hausbibeln anmalten. Nach dem Zweiten Weltkrieg bis in die 1960er Jahre erfreuten sich die eindrücklichen Bilder von Paula Jordan großer Beliebtheit und wurden gerne ausgemalt (s. Seite 3–4).

Heute sind eine Vielfalt von Aus- und Anmal-Angeboten auf dem Markt – gerade auch zu biblischen Geschichten. Deutliche Unterschiede sind in der theologischen und exegetischen Genauigkeit, in der künstlerischen Gestaltung und in der pädagogischen Offenheit zu beobachten.

Die **Stärken von Aus- und Anmal-Bibeln** liegen in
- der kurzen Vorbereitungszeit für Lehrende/Eltern,
- der meditativen Vertiefung einer biblischen Geschichte,
- einem fertigen und meist abgestimmten Darstellungskonzept.

Lehrende können heute unter der Vielzahl von Angeboten ein fertiges Konzept auswählen. Dadurch vereinfacht und verkürzt sich ihre Vorbereitung für den Unterricht oder die Kindergottesdiensteinheit.

**Schwächen von Aus- und Anmal-Bibeln** liegen in der Festlegung der Motive, die den kreativen Nachdenk- und Schaffensprozess von Kindern in eine vorgegebene Bahn lenken und dadurch behindern. Deutlich wird dies bei Gesichtern, bei »unbeschreiblichen Gestalten« wie z.B. Engeln, aber auch bei Szenen. Oftmals wird durch die Ausgestaltung die Phantasie der Kinder gehemmt. Schon der »Strich« des Künstlers kann die Phantasie des Kindes stark in eine bestimmte Richtung lenken. Dies zeigen folgende Beispiele:

❐ **Beispiel: Gesichter**

Durch Aus- und Anmalbibeln werden Kinder in vielfacher Hinsicht festgelegt. Im internationalen Kontext ist es problematisch, wenn die Präsentation der biblischen Gestalten ein ethnisch wenig offenes Bild der dargestellten Personen vermittelt. Augenfällig ist dies, wenn die Gestalt Jesu nordische Züge erhält, wie dies im Zuge der »Arisierung Jesu« im 19. und 20. Jahrhundert geschah.

Heute liegt das Problem bei zu kindlichen oder künstlerisch überzeichneten Figuren. Soll eine Kinder-Bibel im gesamten Primarbereich erfolgreich sein, darf sie nicht zu kindlich, aber auch nicht zu anspruchsvoll wirken. Dies ist nicht immer nur »Geschmackssache«. Kinder entwickeln früh ästhetische Kriterien und wollen sich auch von früheren Phasen ihrer Kindheit abgrenzen. Hier ist die Frage, wie es gelingt, Gesichter so zu gestalten, dass sie offen für viele Interpretationsmöglichkeiten sind.

❒ **Beispiel: Engel**

Ein ähnliches Problem ergibt sich, wenn »unbeschreibliche Gestalten« wie Engel durch die Darstellung festgelegt werden. Es gibt eine lange Tradition, wie gerade Engelsgestalten eine Fixierung erfahren und dadurch häufig kaum mehr anders gedacht werden können.

Die hier abgebildeten Beispiele von Paula Jordan (1948) und Rüdiger Pfeffer (2003) zeigen eine traditionelle Darstellung eines Engels mit mächtigen Flügeln (oben) und eine moderne Umsetzung des Wiemer-Gedichts »Es müssen nicht Männer mit Flügeln sein« (rechts). Bei allen Darstellungen wird deutlich, wie sehr in die biblisch offen gehaltene Vorstellung von Engeln als Boten Gottes eingegriffen wird. Kinder denken und malen aber gerade Engel anders, als wir uns dies als Pädagogen und Künstler so vorstellen (vgl. S. 21).

❒ **Beispiel: Szenen**

Ein weiteres Problem ergibt sich, wenn Szenen festgelegt werden, wie das konkrete Beispiel der Weihnachtsgeschichte zeigt:

Gerne wird bei der Ausgestaltung der Weihnachtsgeschichte der eigentliche Bibeltext wenig beachtet und dafür die Krippentradition dargestellt. Sieht man in den Bibeltext, so ergibt sich folgendes Bild:
Bei Matthäus kommt der Engel zu Josef. Grundsymbole sind der Stern und die drei wertvollen Geschenke, die von fremden Magiern (ohne Nennung der Zahl) gebracht werden. Jesus kommt in einem »Haus« in Betlehem zur Welt – von einem Gang nach Betlehem und einer Futterkrippe ist nicht die Rede.
Bei Lukas sind Maria (als Frau) und die Hirten auf dem Feld (als Menschen am Rande der Gesellschaft) die Empfänger der Engelsbotschaft. Nur Lukas kennt den beschwerlichen Gang von Nazaret nach Betlehem und das Kind in der Futterkrippe.

In keiner Weihnachtsgeschichte werden die Herbergssuche, die Abweisung durch einen bösen Herbergsvater, Könige oder Ochs und Esel erwähnt. Wenn Lukas von einer Unterkunft »bei den Tieren« spricht, dann bezeichnet dies eine Karawanserei. Dies wird spätestens dann wichtig, wenn die Hirten bei der Krippe sofort vielen Leuten von der Botschaft der Engel erzählen und damit die ersten Verkünder der Frohen Botschaft werden. Ein idyllischer Stall auf freiem Feld führt von diesem wichtigen Aspekt der Geschichte weg.

Sichtet man den Bestand von Aus- und Anmal-Bibeln, so zeigt sich, dass es in Vergangenheit und Gegenwart kaum bibeltextnahe Darstellungen der Weihnachtsgeschichte gibt. Die Grafik von Paula Jordan zeigt die typische Vermengung der lukanischen Szene (Futterkrippe) mit der Geschichte der Sterndeuter bei Matthäus.

Auch Rüdiger Pfeffer entfernt sich in seiner Darstellung vom biblischen Text, indem er den Stall auf ein freies Feld stellt (in Anlehnung an Lukas) und den Stern (in Anlehnung an Matthäus) über der Szene erscheinen lässt – ganz zu schweigen von Ochs und Esel.

Hier gilt es nun, nach Darstellungsweisen zu suchen, die gerade Kinder zwischen 5 und 7 Jahren weniger festgelegen, ihnen aber dennoch ein Grundgerüst bieten, an dem sie sich orientieren können.

## b) Freies Malen

Die Alternative zu Aus- und Anmal-Bibeln ist das freie Malen und Gestalten einer biblischen Geschichte. Allerdings ist, was das freie Malen betrifft, in den letzten Jahren eine Entwicklung zu beobachten. Nicht nur im frühen Primarbereich (5–8 Jahre) ist die mangelnde Lese- und grafische Gestaltungsfähigkeit der Kinder zu spüren. Auch die gestalterischen Fähigkeiten vieler Kinder in der Klassenstufe 3–5 (8–11 Jahre) scheinen immer mehr abzunehmen. Kindern fällt es immer schwerer, Geschichten und Szenen in Bilder umzusetzen. Die Gründe hierfür liegen im gesteigerten Medienkonsum und im Verfall klassischer Freizeitbeschäftigungen wie der des freien Malens. Grundschulhefte von Kindern zwischen acht und zehn Jahre zeigen diese große Spanne gestalterischer Fähigkeiten. So findet man im Alter von zehn Jahren immer noch Kinder, die Personen als Strichmännchen malen und auch sonst Schwierigkeiten haben, Geschichten bildhaft darzustellen.

## c) Die »Kinder-Bibel zum Selbstgestalten«

Hier nun setzt das Konzept der »**Kinder-Bibel zum Selbstgestalten**« an. Es bietet eine Alternative zu Aus- und Anmal-Bibeln und will den kleinen und den überforderten älteren Kindern eine Hilfestellung geben. Gleichzeitig wird durch das Konzept der Kinder-Bibel symboldidaktisches Arbeiten ermöglicht, da Grundsymbole der biblischen Geschichten im Vordergrund stehen. Die Kinder-Bibel hilft, die biblische Geschichte unter einem bestimmten Aspekt zu fokussieren und bietet dafür, über die Gestaltideen hinaus, eine verlässliche Textgrundlage, die den biblischen Text »auf den Punkt« bringt (zum Kinder-Bibel-Konzept siehe Kap. 3).

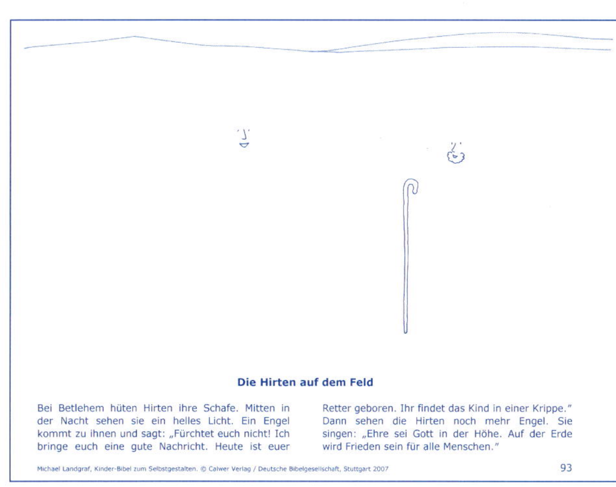

**Die Hirten auf dem Feld**

Bei Betlehem hüten Hirten ihre Schafe. Mitten in der Nacht sehen sie ein helles Licht. Ein Engel kommt zu ihnen und sagt: „Fürchtet euch nicht! Ich bringe euch eine gute Nachricht. Heute ist euer Retter geboren. Ihr findet das Kind in einer Krippe." Dann sehen die Hirten noch mehr Engel. Sie singen: „Ehre sei Gott in der Höhe. Auf der Erde wird Frieden sein für alle Menschen."

Michael Landgraf, Kinder-Bibel zum Selbstgestalten. © Calwer Verlag / Deutsche Bibelgesellschaft, Stuttgart 2007 93

# 2. Zur Vorbereitung: Lesen und Erzählen biblischer Geschichten

Die »Kinder-Bibel zum Selbstgestalten« bietet kurze Erzähl- und Lesetexte. In der Vorbereitung sollten sich Lehrende den Bibeltext darüber hinaus anhand von klassischen Bibelausgaben und einer Kinderbibel erschließen, um eine ausführlichere Erzählgrundlage zu haben.

## 2.1 Textgrundlage für die Nacherzählung

### a) Klassische Bibelausgaben

❒ **Die Luther-Bibel** und die **Einheitsübersetzung** sind Standardtext für ihre jeweilige Kirche. Sie gehen den Mittelweg zwischen Textnähe und dem literarischen Bemühen um Verständlichkeit. Besonders die Sprachbilder der Luther-Bibel haben die deutsche Sprache geprägt.

❒ Freiere (= »kommunikative«) Übersetzungen in die heutige Sprache sind die **Gute Nachricht Bibel** (einzige interkonfessionelle Übersetzung) und die **Hoffnung für alle** (wird besonders im freikirchlichen Umfeld verwendet). Um der leichteren Verständlichkeit willen entfernen sie sich formal weiter vom Urtext. Der Sinn des Originaltextes soll so deutlich und verständlich wie möglich wiedergegeben werden. Diese Textübertragungen eignen sich gut, um größere Zusammenhänge wie Erzählkomplexe zu erfassen.

❒ Näher am Urtext stehende Übersetzungen sind die **Elberfelder** und die **Zürcher Bibel.** Sie bleiben möglichst nahe an der sprachlichen Form des griechischen und hebräischen Urtextes.

❒ Neue Übersetzungen sind z.B. ...
... die **Bibel in gerechter Sprache.** Sie nimmt besondere Rücksicht auf das jüdisch-christliche Verhältnis und die Geschlechtergerechtigkeit.
... die **BasisBibel,** die bisher in Teilausgaben erschienen ist. Sie bemüht sich um Nähe zum Urtext, greift aber dabei die Sprachgewohnheiten junger Menschen auf. Zudem bietet sie ein interessantes Online-Portal für Lernende und Lehrende.

### b) Bibeln für Kinder

Zahlreiche Bibeln für Kinder bieten Anregungen für eine kindgemäße Nacherzählung der biblischen Geschichten. Dabei wird oft unterschieden:

❒ **Bilder-Bibeln** mit kurzen Texten für Erstleser/innen (Kinder von 5–7 Jahren):
- Bibelbilderbuch (5 Bände, Text: H. Haug; Bilder: K. de Kort)
- Meine schönsten Bibelgeschichten (T und B: wie Bibelbilderbuch)
- Die Bibel für die Allerkleinsten (T: M. Jeschke, B: R. Pfeffer)
- Bilderbuch-Bibel (B: E. Maier-F.; T: M. Liß und M. Spiegel)

❒ **»Klassische« Kinderbibeln** als **Vorlese-, Erzähl-** bzw. **Lese-Bibeln** mit einem ausführlichen Erzähltext und ansprechenden Illustrationen:
- Neukirchener Kinder-Bibel (T: I. Weth; B: K. de Kort)
- Unter Gottes weitem Himmel – Die Bibel für Kinder (T: C. Herrlinger, B: D. Konsek)
- Elementar-Bibel (T: A. Pokrandt; B: R. Herrmann)
- Kinderbibel (T: W. Laubi; B: A. Fuchshuber)
- Kinder-Bibel (T: D. Bauer, W. Baur, B. Eltrop, M. Fels, W. Hein, F.-J. Ortkemper; B: S. Köder).
- Die Kinderbibel (T: E. zur Nieden; B: I. und D. Schubert)

❒ **Konzept-** oder **Themen-Bibeln**, bei denen z.B. das Kirchenjahr im Vordergrund steht und die Gebete und Spielanregungen bieten:
- »Komm, freu dich mit mir« (T: K. Jeromin; B: R. Pfeffer)
- »Komm, lass uns feiern« (T: M. Jeschke; B: R. Pfeffer)

→ *Ausführliche Hinweise in: »Empfehlenswerte Kinderbibeln«, Hg. von der Deutschen Bibelgesellschaft und dem Deutschen Verband Ev. Büchereien, Stuttgart und Göttingen 2006.*

## 2.2 Schritte der Aneignung von Bibeltexten

Die Bibeltexte sind zum Teil vor über 2000 Jahren verfasst worden. Biblische Geschichten und Texte sind daher Botschaften aus einer anderen und für eine andere Welt. Man muss sie erst einmal für sich entdecken und verstehen. Die Texte sind nicht nur Botschaften aus der Vergangenheit – sie gelten auch für die Gegenwart und die Zukunft. Sie regen zum Nachdenken an und wollen Orientierung geben.

Folgende Schritte können helfen, sich die biblischen Texte anzueignen:

### ❒ Bibel-Schritte

**Lesen**
Zum Lesen brauche ich Ruhe und Zeit. Ich muss den Kopf frei haben, sonst bleibe ich immer wieder hängen.
Ich kann den Text ruhig zwei Mal lesen oder Lesepausen machen.
Am besten lese ich einen Text so, dass ich ihn hinterher anderen erzählen kann. Dafür sollte ich mir eine Überschrift und Stichpunkte überlegen.

**Nachdenken**
Wie bei einem Radio muss ich meine Antenne auf Empfang einstellen. Der Bibeltext muss bei mir ankommen und Fragen aufwerfen:
Was ist mir fremd – was vertraut?
Wo fühle ich mich aufgehoben?
Wo stellt der Text mich vor Entscheidungen?
Was sagt er über Gott und die Welt?

**Orientieren**
Die Bibel ist auf Zukunft ausgerichtet.
Wie drückt sich Hoffnung im Text aus?
Welche Rolle hat diese Hoffnung für meine Zukunft / die Zukunft der Welt?
Bekomme ich hier auch Impulse für mein Handeln?

*aus: Michael Landgraf, ReliBausteine Bibel*

Man kann Fragen zum Text in der Vorbereitung des Unterrichts oder des Kindergottesdienstes auch mit anderen klären:

### ❒ Fragen zum Text

**Textbeziehung**
- Wie geht es mir mit dem Text?
- Habe ich Verständnisprobleme?
- Welche Fragen habe ich an den Text?
- Wie wirkt er auf mich?
- Was löst er bei mir aus?

**Textinhalt**
- Worum geht es in dem Text?
- Handelt er von einem Ereignis, einem Gespräch, einer Regel ...?
- Um wen oder was geht es im Text?
- Stellt der Text eine Frage?

**Textform**
- Wie wird berichtet (spannend, sachlich, bildhaft, persönlich oder distanziert ...)?
- Welche Textform kann ich erkennen (Erzählung, Gedicht ...)?

**Textintention**
- Was will der Text (erzählen, belehren, erklären ...)?
- Wird ein besonderer Grund sichtbar, warum der Text überliefert wurde?
- Zu welchem Verhalten will der Text anleiten?

## 2.3 Das Erzählen einer biblischen Geschichte

### a) Einführung

Das Erzählen einer biblischen Geschichte sollte gut vorbereitet sein. Aber keine Angst: mit guter Vorbereitung und etwas Mut kann es jeder schaffen, eine biblische Geschichte zu erzählen. Die entscheidende Frage ist: Wie nahe am Text muss die Erzählung sein? Wie frei darf ich die Geschichte ausschmücken? Hier gilt der salomonische Spruch: **So nahe am Text wie möglich und so frei wie nötig.**

Zunächst ist wichtig, dass ich versuche, die Geschichte zu **verstehen**, ihren Kern zu finden und sie zu **gliedern**. Dabei muss ich die Kinder in meine Vorüberlegungen mit einbeziehen und eine **Erzählsprache** finden: Kurze, spannungsreiche Sätze und kleine Dialoge bringen Leben in den Vortrag. Auch eine **Erzählperspektive** sollte ich wählen: Bin ich ein Geschichtenschreiber oder ein Reporter, der aus objektiver Sicht berichtet? Bin ich eine Person des Geschehens oder bin ich ein Erzähler außerhalb des Geschehens? Wichtig ist auch die **Vorbereitung auf die Erzählreise**. Gerade Kinder im Alter von 5–7 Jahren müssen in eine Geschichte hineingeführt werden. Dazu haben sich **Phantasie-Zeitreisen** bewährt (vgl. S. 24/25). Hilfreich ist auch eine persönliche Gliederung der Erzählung, eine **Erzählskizze.** Den Einstieg und wichtige Übergänge bzw. Sätze sollte man schriftlich formulieren. Hier sind Spickzettel erlaubt. Bilder, Hintergrundmusik oder Erzählfiguren können die Erzählung unterstützen.

## b) Der POZEK-Schlüssel

Eine Hilfe, um sich auf das Erzählen einer Geschichte vorzubereiten, ist der **POZEK-Schlüssel (Personen, Ort, Zeit, Ereignis, Kern).**

**P = Personen:** Erzähler sollten darauf achten, dass Personen lebendig werden.

- Stelle dir in der Vorbereitung und beim Erzählen **echte Personen** vor: Ein alter Mann, ein junges Mädchen, je nachdem, um wen es in der Geschichte geht. Beschreibe Haare, Gesichtszüge, die Haltung. So kannst du einer Person Ausdruck verleihen.
- Kläre, welche **Rolle** eine Person spielt: Haupt-, Nebenrolle oder Statist?
- Kläre, welche besonderen **Handlungen** mit den Personen in Verbindung gebracht werden. Beschreibe, was sie tun, was mit ihnen geschieht oder wie sie sich geben.
- Was **denken und fühlen** die Menschen, die sprechen und handeln? Ein inneres Zwiegespräch, typische menschliche Reaktionen können in die Erzählung eingebaut werden.

**O = Ort:** Die Darstellung des Ortes, die Kulisse, erzeugt beim Zuhörer ein Raumgefühl.

- Stelle dir den Ort vor, den du beschreiben willst. Du kannst dir zur Vorbereitung ein **Bild** in einem Bildband oder Reiseführer ansehen. Bei Jesusgeschichten kann es z.B. das Ufer des Sees Gennesaret oder Jerusalem sein. Präge dir die Umgebung, typische Pflanzen oder die Farben einer Landschaft ein.
- Baue **Geräusche** ein, die der Umgebung zugeordnet werden könnten: z.B. Plätschern von Wasser, das Treiben auf einem Bazar, der Wind, der über ein Kornfeld bläst. Auch **Gerüche** gehören zur Atmosphäre eines Ortes.

**Z = Zeit:** Zeiträume spielen für das Erfassen der Geschichte eine wichtige Rolle.

- **Eine historische Zeitepoche** ist für Kinder schwer fassbar. Man kann daher einbauen, dass es in der Zeit keine Autos, kein fließendes Wasser oder Strom gab.
- Bestimmte **Tages- oder Jahreszeiten** lösen Stimmungen aus. Wie die Sonne am Himmel steht, ob Abenddämmerung ist, ob Nebel über den Feldern hängt – all dies kann eine Geschichte anschaulich und farbig machen.

**E = Ereignis:** Der Ablauf, ein guter Spannungsbogen, ist wichtig für eine gute Erzählung.

- Eine Geschichte lebt von ihrem **Höhepunkt**. Baue die Geschichte um ihn herum auf. Ist der Höhepunkt ein Geschehen, eine Tat oder ein Ausspruch?
- Auf den Höhepunkt läuft ein **Spannungsbogen** zu, der meist schon in der Geschichte angelegt ist. Achte darauf, dass die einzelnen Szenen auch gute **Übergänge** haben.

**K = Kern:** Das Wesentliche einer Geschichte ist der Erzählkern.

- Was ist der **Kerngedanke** einer Geschichte? Was will sie uns sagen?
- Der Kern der Geschichte sollte in eigenen Worten kurz und prägnant auf den Punkt gebracht werden können. Wer nicht klar sagen kann, worum es geht, erzählt meist auch eine Geschichte langatmig und langweilig.

*aus: Michael Landgraf: ReliBausteine Bibel*

# 3. Arbeiten mit der »Kinder-Bibel zum Selbstgestalten«

## 3.1 Das Konzept der »Kinder-Bibel zum Selbstgestalten«

Das Konzept der »Kinder-Bibel zum Selbstgestalten« setzt bei dem Problem an, dass sich im frühen Primarbereich (5–8 Jahre) die Lese- und grafische Gestaltungsfähigkeit erst noch entwickeln muss und sie auch bei älteren Kindern vielfach nicht vorhanden ist. Das Konzept ist nicht auf die Erstleser-Phase (Klasse 1–2) bzw. den »Kindergottesdienst für die Kleinen« beschränkt, sondern auch für ältere Kinder geeignet. Bei der Erstellung der Texte wurden Erstleserregeln beachtet und in der Umsetzung der Grafiken sehr elementare Strichzeichnungen verwendet. Das Buch kann daher auf vielfältige Weise eingesetzt und gestaltet werden:

- Die Grafiken können mithilfe von **Bunt- und Filzstiften oder Wachsmalfarben** weitergestaltet werden.

- Neben dem Malen gibt es weitere Gestaltungsmöglichkeiten. Aus dem Bereich Kindergottesdienst kam die Idee, verschiedene **Materialien** einzusetzen: beispielsweise **Wollfäden**, **Transparentpapier** für Hintergründe oder Flächen (Himmel, Wüste ...) oder **buntes Papier** für die Gewänder. Sie werden ausgeschnitten und eingeklebt. Auch **Naturmaterialien** können verwendet werden (z.B. Blätter für Bäume, Vogelsand für den Wüstenboden).

### a) Die Grafiken

Das neue Konzept der »Kinder-Bibel zum Selbstgestalten« stützt sich auf elementare Regeln, die es den Kindern erleichtern, gestalterisch und kreativ tätig zu werden. Dabei wurden folgende elementarisierte grafische Elemente verwendet:

- Einfache Gesichter
- Angedeutete Aktionsformen
- Eindeutige Grundsymbole
- Offene Hintergrundkulissen

❒ **Gesichter** ...

... sind ein Orientierungs- und Ankerpunkt im Bild, den besonders Kinder im Alter von 5–8 Jahren für die Gestaltung noch brauchen. Die Figuren werden durch einfache Gesichter nur angedeutet. »Punkt – Punkt – Komma – Strich, fertig ist das Angesicht« ist dabei das Grundprinzip, erweitert durch Persönlichkeitsmerkmale wie einen Bart oder eine Krone, die es möglich machen, die Figuren zu unterscheiden.

Beispiele:

Eine weitere Gestaltungsmöglichkeit der Gesichter zeigt sich bei Josef, der vom Hirtensohn bzw. vom gefangenen Sklaven zum Verwalter des Pharao eine äußerliche Wandlung vollzieht. Dabei können die Kinder die Veränderungen selbst gestalten. Josef als reicher Ägypter besticht nun mehr durch seinen äußeren Habitus als durch sein Gesicht. Deutlich wird dies in der Geschichte, wenn die Brüder ihn nicht erkennen.

Josef als Hirte und Sklave

Josef als oberster Verwalter

Gestalten, die durch ein Machtsymbol dargestellt werden, sind der namenlose Pharao von Ägypten in der Josefs- und Mosegeschichte oder der Soldat bei der Gefangennahme Jesu.

Pharao

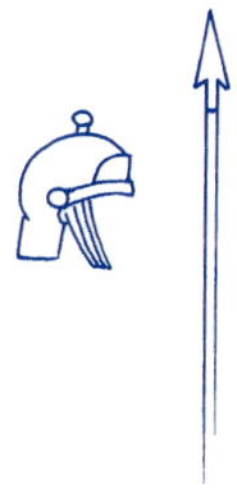

Soldat

Auch andere Personengruppen kann man durch einfache Gestaltsymbole darstellen. Hirten werden beispielsweise durch einen einfachen Hirtenstab vorgestellt (vgl. Kinder-Bibel zum Selbstgestalten S. 93).

## ❐ Angedeutete Aktionssymbole

Eine weitere Möglichkeit, Szenen elementar einzuführen, sind angedeutete Aktionsformen. Beispiele hierfür sind ...

... der Handschlag der Brüder Jakob und Esau (Gen 33),

... die Anklage des Propheten Elija gegen König Ahab (1. Kön 16–17) oder das Auftreten Jonas in Ninive (Jona 3).

In diesen Zusammenhang gehört auch das Symbol der Traumblase, mit dem die Träume des Pharao oder die Vision des Johannes (Offenbarung) dargestellt werden können.

Wenn musiziert wird, dann genügt es, wie beim Lied Mirjams oder bei David, ein Musikinstrument abzubilden.

Auch gewaltsame Handlungen wie das Erschlagen des ägyptischen Aufsehers oder der Schleuderwurf Davids können durch einfache Aktions-Symbole angedeutet werden.

## ❐ Grundsymbole

Neben den Gesichtern und den Aktionssymbolen bilden elementare Grundsymbole eine weitere grafische Säule des »Kinder-Bibel«-Konzepts.

Es gibt ***Grundsymbole*** mit einer festen Bedeutung wie ...

... die Blume als ein Symbol der Schöpfung (Gen 1; Ps 104),

... die Taube als Symbol der Hoffnung und des Geistes Gottes (Arche Noah, Taufe Jesu),

... die riesige Traube als Symbol für die Fruchtbarkeit des gelobten Landes (Num 13),

... der Stern und die königlichen Geschenke als Grundsymbole der Weihnachtsgeschichte nach Matthäus (Mt 2),

... Brot und Fische als Symbole der Speisung der 5 000 und Brot und Kelch als Symbole für das Abendmahl / Mahl mit den Emmaus-Jüngern (Lk 24),

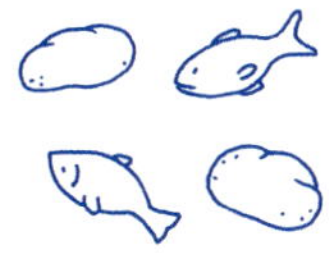

... der Wasserkrug als ein Symbol der Fußwaschung und des gegenseitigen Dienens (Joh 13),

... der Hahn als Symbol für den Petrusverrat und die Wachsamkeit (Mt 26).

*Symbole zum weiteren Gestalten*

Weitere Grafiken regen zur Ausgestaltung an:

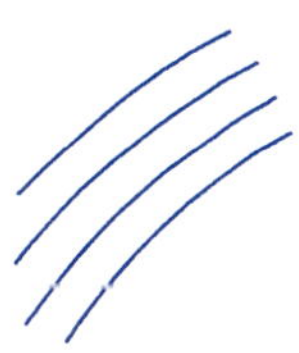

Der angedeutete Regenbogen am Ende der Sintflutgeschichte symbolisiert Hoffnung und Versöhnung (Gen 9).

Drei Ziegel weisen auf die Unterdrückung und die schwere Arbeit in Ägypten hin (Ex 1).

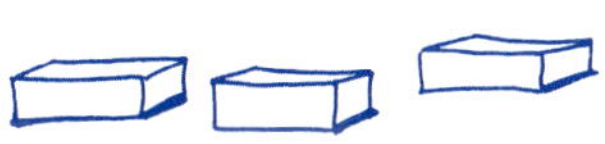

Die Welle symbolisiert den Durchzug durch das Schilfmeer und die Rettung vor den zurückkehrenden Fluten (Ex 14).

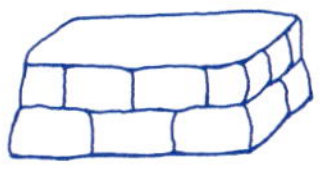

Der Sockel, auf dem das goldene Stierbild gestaltet wird, steht für den Abfall des Volkes Israel.

Der Weinstock im Gleichnis von den Arbeitern im Weinberg soll anregen, einen Weinberg zu gestalten.

Die Sonne schlägt den Bogen vom Beginn der Schöpfung bis zur Offenbarung und der zugesagten »neuen Welt Gottes« (Gen 1–2 bis Offb 21–22). Damit ist gemeint: Anfang und Ende stehen unter Gottes gutem Willen.

## ❐ Landschaften und Hintergründe

Ein viertes grafisches Element des »Kinder-Bibel«-Konzepts sind die einfachen Hintergrundkulissen oder szenischen Hilfen. Der Anfang der Schöpfung wird beispielsweise durch eine einfache Horizontwölbung angedeutet und eröffnet so den Freiraum, sich kreativ mit den ersten beiden Schöpfungstagen auseinanderzusetzen.

Die angedeuteten Hintergründe sind den unterschiedlichen Landschaften der biblischen Szenen angepasst.

Spielt eine Geschichte am Gewässer, können Ufer und Wasser mit einfachen Linien skizziert werden (z.B. Mose am Nil; Taufe Jesu).

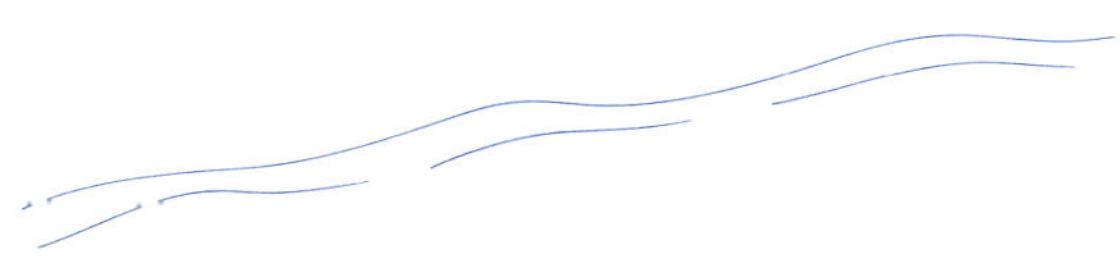

Durch Pyramiden wird die Szene in Ägypten lokalisiert, das Stadttor weist auf Jerusalem hin.

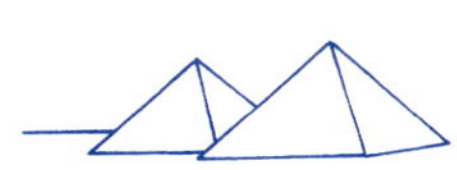

Raumgefühl wird durch ein angedeutetes Zelt, eine Säule (Palast), ein Zimmer mit Fenster oder einen Baldachin erzeugt.

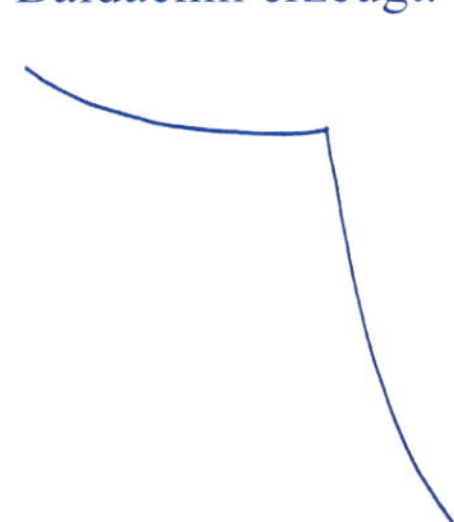

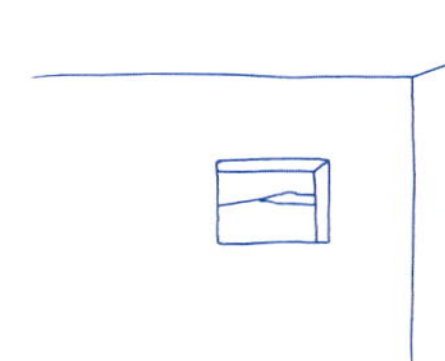

Für eine Dorf- oder Stadtszene genügen als Hintergrund eine angedeutete Stadtmauer und nur wenige Häuser und Bäume.

Kulissen können gleichzeitig Grundsymbole sein, so beispielsweise das offene Grab,

die Arche oder ein Boot (z.B. Sturmstillung),

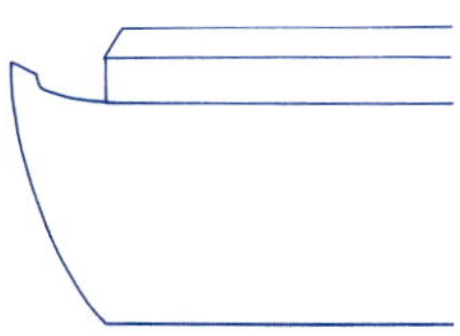

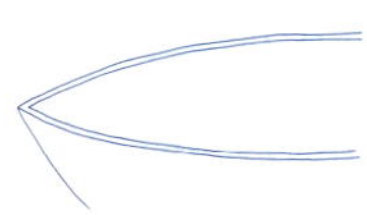

der Fisch in der Jonageschichte,

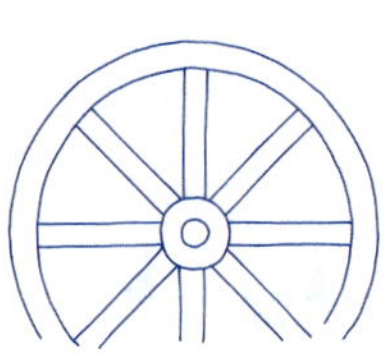

das Wagenrad des äthiopischen Kämmerers (Apg 8)

oder der Baum als Schauplatz der Paradies- und Zachäusgeschichte.

## b) Der Text

Neben den Grafiken ist der Textbestand der »Kinder-Bibel zum Selbstgestalten« von besonderer Bedeutung. Die Auswahl der Geschichten orientiert sich an den in den Lehrplänen für die Schule und den Arbeitshilfen für den Kindergottesdienst vorgeschlagenen Bibeltexten für den Primarbereich. Diese Geschichten sind auch in Kinder-Bibeln Standard.

❒ Die Geschichten sind einfach und kurz nacherzählt. Sie orientieren sich stark am Bibeltext und vermeiden Ausschmückungen, wie sie manchmal bis ins Märchenhafte gehend bei vielen Bilder- und Kinderbibeln zu beobachten sind. Die Texte der »Kinder-Bibel zum Selbstgestalten« dagegen bringen die teils sehr ausführlichen Erzählungen »**auf den Punkt**«. Die fachliche Qualitätssicherung der Texte geschah durch das Lektorat der Deutschen Bibelgesellschaft und Prof. Dr. Peter Müller (PH Karlsruhe).

Da bei der Textauswahl auch der frühe Primarbereich im Blick war, wurden Regeln für Erstleser beachtet. Die Texte sind elementar gehalten und einfach strukturiert, wodurch sie für Kinder leicht zu lesen sind. Auf komplizierte Satzkonstruktionen wurde verzichtet, was für ältere Leser manchmal beschwerlicher ist, da durch kurze Sätze der Lesefluss unterbrochen wird. Die Qualitätssicherung wurde durch eine lange Erprobungsphase in Grund- und Förderschulen sowie im Kindergottesdienst mit Kindern von 5–10 Jahren und im Gespräch mit Grundschullehrer/innen und Mitarbeiter/innen aus dem Bereich Kindergottesdienst geleistet.

❒ Neben den Erzählzyklen gehören auch **Basistexte** zum Textbestand: die Zehn Gebote (Ex 20), Psalm 8, Psalm 23, Psalm 104, Prediger 3, Jesaja 9 und 11, Texte der Bergpredigt (Mt 5–7: Seligpreisungen, Bildworte zur Nachfolge, ethische Sätze, Vaterunser, Worte zum »Sorgen«), die Aussendungsworte Jesu (Mt 28), Passagen aus Paulusbriefen (Röm 8, 1. Kor 13).

Der Kontext, in dem das Bibelwort gesprochen wurde, wird immer auch in die Gestaltung mit einbezogen. So ist beim Dekalog am Rande die Figur des Mose und im Hintergrund der Sinai angedeutet. Jesus steht bei den Worten der Bergpredigt auf einem skizzierten Hügel und bei den Paulustexten sind Schreibutensilien zu entdecken.

## 3.2 Einsatzmöglichkeiten der »Kinder-Bibel zum Selbstgestalten«

**a)** Das Konzept der »Kinder-Bibel zum Selbstgestalten« kann in der religionspädagogischen Praxis auf vielfältige Weise eingesetzt werden:

### ❒ Im privaten Bereich

Die »Kinder-Bibel« eignet sich bestens, um Kindern die biblischen Geschichten im **häuslichen Bereich** nahezubringen. So kann sie beispielsweise zur Nacharbeit im Anschluss an eine gemeinsame Lektüre einer Kinderbibel-Geschichte oder

zur eigenen Lektüre der Kinder dienen. Sie lädt zur kreativen Gestaltung am Wohnzimmer- oder Schreibtisch ein und kann durch ihre Spiralbindung und ihre feste Form sogar bei einer Autofahrt auf dem Rücksitz verwendet werden.

### ❒ In der Grundschule

Von Lehrern/innen wurde vorgeschlagen, dass die Kinder bereits in der ersten Klasse ein Exemplar der »Kinder-Bibel zum Selbstgestalten« für die gesamte Grundschulzeit (Klasse 1–4) anschaffen – als Basis-Arbeitsbuch für biblische Geschichten. Mehrere Argumente sprechen dafür: Man erspart sich das lästige Kopieren und hat ein Arbeitsbuch zur Verfügung, das kontinuierlich verwendet und am Ende der Grundschulzeit präsentiert werden kann. Da die »Kinder-Bibel zum Selbstgestalten« alle biblischen Lehrplanthemen der Grundschulzeit aufgreift, ist sie für ein solches Vorhaben sehr gut geeignet. Am Ende der Primarzeit haben die Kinder dann ihre persönlich gestaltete Grundschul-Bibel in Händen, in der sie die Entwicklung ihrer eigenen Gestaltungsfähigkeit sehen können. Zur Überprüfung, wie nachhaltig die biblischen Geschichten vermittelt wurden, können sie am Ende anhand der »Kinder-Bibel zum Selbstgestalten« wiederholt werden. So bildet die »Kinder-Bibel zum Selbstgestalten« als Grundschulbibel ein gutes Grundgerüst für den Start in die weiterführende Schule.

### ❒ Im Kindergottesdienst

Die »Kinder-Bibel zum Selbstgestalten« kann auch im **Kindergottesdienst** eingesetzt werden. Ein Vorschlag von Kindergottesdienstmitarbeitern/innen: Jedes Kind, das regelmäßig teilnimmt, erhält seine »Kinder-Bibel« als Geschenk der Kirchengemeinde. Das Buch bleibt im Gemeindehaus, damit es sonntags immer zur Verfügung steht. Wenn ein Kind den Kindergottesdienst irgendwann verlässt, bekommt es seine »Kinder-Bibel« selbstverständlich als Geschenk der Gemeinde mit auf den Weg. Die Vorteile einer solchen Handhabung sind dieselben wie in der Grundschule: Kein Kopieren, dafür aber ein Grundgerüst an biblischen Geschichten.

### ❒ Als Tafel-Bibel (Board-Bible)

In vielen Lernsituationen weltweit ist es kaum möglich, dass Kinder ein persönliches Exemplar der »Kinder-Bibel zum Selbstgestalten« besitzen und damit arbeiten können. Dies trifft besonders auf die typische Unterrichtssituation in Afrika, Asien und Lateinamerika zu. Aufgrund ihres einfachen Konzepts bietet es sich hier an, die »Kinder-Bibel zum Selbstgestalten« als Tafel-Bibel zu verwenden und in »sunday-« oder »primary-schools« einzusetzen. Der/die Lehrer/in überträgt den Text und die Zeichnung an die Tafel. Selbst ungeübte Zeichner/innen können die einfachen Striche nachziehen. Die Kinder legen sich ein leeres Heft an, wie dies in »sunday-schools« üblich ist, übertragen das Tafelbild und gestalten es selbständig weiter. So können sich die Kinder mit einfachen Mitteln ihre eigene und selbstgestaltete Kinder-Bibel herstellen.

Ob als persönliche Mal-Bibel im privaten Bereich, in der Grundschule, im Kindergottesdienst oder als Tafel-Bibel, die in das eigene Schreibheft übertragen und weiterentwickelt wird: Durch die selbsttätige Gestaltung der »Kinder-Bibel« haben die Kinder einen wertvollen Schatz in ihren Händen, den sie in ihrem Leben immer wieder einmal gerne aufschlagen werden und der eine Grundlage für die weitere Beschäftigung mit der Bibel sein kann.

## b) Empfehlungen zum Einsatz der biblischen Geschichten und Basistexte

Die biblischen Geschichten und Basistexte der »Kinder-Bibel zum Selbstgestalten« werden im schulischen Unterricht für unterschiedliche Alterstufen empfohlen (rechte Spalte). Hier nun Hinweise zum Einsatz der Geschichten:

## *I. Geschichten und Basistexte aus dem Alten Testament*

### Geschichten vom Anfang

| | | |
|---|---|---|
| **Am Anfang (Gen 1)**<br>**Gott macht Pflanzen und Tiere (Gen 1)**<br>**Gott macht die Menschen (Gen 1–2)**<br>**Im Garten Eden (Gen 2)**<br>**Die Menschen verlassen den Garten Eden (Gen 3)** | Die Paradiesgeschichte und der Ps 104 (Nr. 62) als Lob der Schöpfung werden in vielen Lehrplänen bereits für die Klassenstufen 1–2 vorgeschlagen, während der priesterliche Schöpfungsbericht (Nr. 1–3) meist den Klassen 3–4 zugeordnet wird. Es ist sinnvoll, darüber nachzudenken, ob man den Erzählkomplex getrennt vorstellt – um zu zeigen, dass es sich um zwei Schöpfungsberichte handelt – oder ob man ihn komplett einführt. Da das Thema »Schöpfung« in Klasse 5–6 wiederkommt, wird vorgeschlagen, den gesamten Komplex am Übergang von Klasse 2–3 einzuführen.<br>Symbole für die Schöpfung sind die angerissene Erdkugel und die Blume. Die Sonne bildet eine Brücke von der Schöpfung unserer Welt zur Hoffnung auf Gottes neue Schöpfung in Offb 21. | 7–10 |
| **Kain und Abel (Gen 4)**<br><br>**Noah und die Arche (Gen 6)**<br>**Die Sintflut (Gen 6–8)**<br>**Zweig der Hoffnung (Gen 8)**<br>**Der Regenbogen (Gen 9)**<br><br>**Der Turm in Babel (Gen 11)** | Drei Erzählungen aus der Urgeschichte zeigen je auf ihre Weise die Bedrohung von Gottes guter Schöpfung nach dem Sündenfall. Die Kain-und-Abel-Erzählung zeigt die Bedrohung des Menschen durch den »Bruder«. Sie wird in der Primarstufe eher selten behandelt, birgt jedoch gute Möglichkeiten, über Folgen von Streit und über Gottes Gerechtigkeit zu sprechen. Empfohlen wird der Einsatz frühestens für Klasse 4.<br>Auch die Noah-Erzählung beschreibt die Bedrohung von Gottes guter Schöpfung. Sie wird in der Regel für Klassenstufe 3–4 vorgeschlagen. Wichtig ist hierbei das Symbol des Regenbogens als Zeichen der Freundschaft zwischen Gott und Mensch.<br>Die Turmbau-Geschichte ist die dritte Erzählung, die erklärt, warum die Schöpfung nicht mehr so ist, wie sie sein sollte. Sie wird nur noch selten für den Unterricht in der Primarstufe vorgeschlagen. Das Symbol des »Turms von Babel« ist jedoch so wichtig, dass es am Ende von Klasse 4 mit den drei vorigen Bedrohungsgeschichten als Erzählkomplex eingeführt werden sollte. | 8–10 |

### Geschichten von den Vätern und Müttern der Israeliten

| | | |
|---|---|---|
| **Abraham und Sara (Gen 12)**<br>**Kein Streit soll zwischen uns sein (Gen 13)**<br>**So zahlreich wie die Sterne (Gen 15)**<br>**Abraham und Sara bekommen Isaak (Gen 18.21)**<br>**Eine Frau für Isaak (Gen 24)**<br>**Isaak und Rebekka (Gen 24)** | Der Abraham-Sara- und Isaak-Rebekka-Komplex wird in der Regel in den Klassen 2–3 erzählt. Wichtig ist hierbei die Verheißung des Bundes an Abraham und dass Gott seine Versprechen hält. Zentrale Grundsymbole des Erzählkomplexes sind der Weg und der Sternenhimmel.<br>Die Erzählung »Isaak und Rebekka« ist zwar ein Klassiker der Religionspädagogik, heute aber nur noch selten Unterrichtsgegenstand. | 6–10 |

| | | |
|---|---|---|
| **Esau und Jakob (Gen 25)**<br>**Isaak will Esau zum Erben machen (Gen 27)**<br>**Jakob bekommt Isaaks Segen (Gen 27)**<br>**Jakob flieht und hat einen Traum (Gen 27)**<br>**Jakob heiratet Lea und Rahel (Gen 29)**<br>**Jakob und Esau versöhnen sich (Gen 33)** | Nicht alle Lehrpläne für die Primarstufe schlagen die Behandlung dieser Geschichten vor. Gewöhnlich ist die Esau-Jakob-Erzählung als Paradebeispiel für eine Bruderzwistgeschichte bereits in Klassenstufe 2 vorgesehen. Symbol ist hierbei das »Linsengericht«. Selten erzählt wird heute die Traumsequenz, in der das Symbol der Himmelsleiter in Bet-El entfaltet wird. Diese Szene spielt in der Kunst eine wichtige Rolle. | 6–10 |
| **Josefs Kleid (Gen 37)**<br>**Josef wird verkauft (Gen 37)**<br>**Josef und Potifar (Gen 39)**<br>**Josef im Gefängnis (Gen 39–40)**<br>**Die Träume des Pharao (Gen 41)**<br>**Josef wird oberster Verwalter (Gen 41)**<br>**Josefs Brüder kommen nach Ägypten (Gen 42)**<br>**Josef stellt seine Brüder auf die Probe (Gen 43–44)**<br>**Josef gibt sich zu erkennen (Gen 45)**<br>**Jakob kommt nach Ägypten (Gen 45–46)** | Die Josefsgeschichte ist in den meisten Primarplänen die erste biblische Geschichte des Alten Testaments, der Kinder begegnen. Sehr eindrücklich beschreibt die Bibel das Auf und Ab im Leben Josefs. Das Kleid ist ein wichtiges Grundsymbol, das die Kinder gut verstehen (Ungerechtigkeit, Neid). Die Erzählung handelt von Josefs weiterem Schicksal: seinem Sklavendienst, der schlüpfrigen Potifar-Szene bis hin zur Rettung der Familie durch den Verwalter Josef und deren Übersiedelung nach Ägypten.<br>Symbole der Geschichte sind neben dem Kleid die Pyramiden (Ort des Geschehens), die Traumblase des Pharao, die man auch bei den Träumen des Josef und der Gefängnisinsassen einsetzen könnte, die Herrscherinsignien des Pharao und seines obersten Verwalters Josef und schließlich der Becher im Sack, der symbolisiert, wie Josef seine Brüder prüft. | 5–10 |

## Geschichten von Mose

| | | |
|---|---|---|
| **Den Israeliten geht es schlecht (Ex 1)**<br>**Ein Kind in Gefahr (Ex 2)**<br>**Mose wird gerettet (Ex 2)**<br>**Mose wächst als Prinz auf (Ex 2)**<br>**Mose muss fliehen (Ex 2)**<br>**Mose im Land Midian (Ex 2–3)**<br>**Gott erscheint Mose (Ex 3)**<br>**Mose kommt zum Pharao (Ex 5)**<br>**Gott schickt Plagen über Ägypten (Ex 7–12)**<br>**Die Israeliten dürfen gehen (Ex 12–13)**<br>**Das geteilte Meer (Ex 14)**<br>**Mirjams Lied (Ex 15)**<br>**Rettung in der Wüste (Ex 16–17)**<br>**Am Berg Sinai (Ex 19)**<br>**Die Zehn Gebote (Ex 20)**<br>**Der goldene Stier (Ex 32)**<br>**Kundschafter im versprochenen Land (Num 13)**<br>**Josua wird Nachfolger von Mose (Dtn 31–34)**<br>**Die Mauern von Jericho (Jos 6)** | Mose ist der Klassiker am Ende der Grundschulzeit. Die Geschichte setzt die Kenntnis anderer Geschichten (Abraham, Jakob, Josef) und ein gewisses Bewusstsein für grundlegende menschliche Probleme voraus (Freiheit, Ungerechtigkeit). Daher empfiehlt es sich, diese Geschichte als Erzählkomplex eher mit älteren Kindern durchzunehmen.<br>Bei der Behandlung des Themas werden auch die Zehn Gebote und damit einer der Basistexte einer biblischen Ethik besprochen. Wichtig ist hierbei, dass der Bezug zum Exodusereignis und zum Geschenk der Freiheit (1. Gebot) hergestellt wird. Nur so können die »Wegweiser Gottes« auch als Geschenk erfahrbar gemacht werden.<br>Grundsymbole im Erzählzyklus »Mose« gibt es viele: die Ziegelsteine, der Korb, der brennende Dornbusch, die Heuschrecke, das geteilte Meer und Mirjams Pauke, die Gebotstafeln, der goldene Stier (hier nur als Sockel angedeutet) und schließlich die großen Trauben als Symbol für das Gelobte Land (bis heute Grundsymbol für das Land Israel in Synagogen).<br>Der Blick in die Josua-Geschichte zeigt, dass sich nach dem Tod von Mose die Zusage Gottes erfüllt. Die klassische Erzählung der Zerstörung Jerichos ist zwar historisch problematisch (archäologisch nicht nachweisbar), biblisch ist sie jedoch der Prototyp der Landnahme-Erzählungen (Mauern von Jericho als Grundsymbol). | 8–10 |

## Geschichten von Königen und Propheten

| | | |
|---|---|---|
| **Rut und Noomi (Rut 1)**<br>**Rut und Boas (Rut 2–4)** | Aufgrund der verstärkten Beachtung von Frauengestalten in der Bibel ist die Erzählung von Rut und Noomi neu im Programm des Primarunterrichts. Hier sind besonders das Wort »Wo du hingehst ...« und der Umstand, dass Rut als Ausländerin die Urahnin von David und Jesus ist, von Gewicht. Zentral für die Rut-Geschichte sind als Symbole der Weg, aber auch die Ähren und das Feld (Situation, in der Rut und Boas sich kennenlernen). | 8–10 |
| **Saul wird König (1. Sam 8–11)**<br>**Samuel und David (1. Sam 16)**<br>**David und Goliat (1. Sam 17)**<br>**David kommt zu Saul (1. Sam 16.18)**<br>**David und Jonatan (1. Sam 19)**<br>**David verschont Saul (1. Sam 24)**<br>**David wird König (2. Sam 5)** | Der Erzählzyklus rund um die Könige Saul – David – Salomo beschreibt die zunächst beschwerliche und dann bis heute stark mit messianischer Sehnsucht behaftete Zeit der ersten Könige Israels. Klassischerweise werden die Geschichten als Komplex in der Klassenstufe 5–6 angeboten. Allerdings kommen einzelne Geschichten wie die von David und Goliat und der Freundschaft Davids mit Jonatan bereits in der Primarstufe vor.<br>Symbole dieser Geschichten sind der Thron und die Krone als Symbole der Macht (bei Saul mit Waffen als Symbol für die kriegerischen Zeiten, bei Salomo ohne Waffen als Symbol für das Friedensreich). Symbole für David sind der Stein (David und Goliat), die Harfe (David am Hof Sauls) und das Stadttor von Jerusalem. | 8–10 |
| **Wer sind die Menschen? (Ps 8)**<br>**Der Herr ist mein Hirte (Ps 23)**<br>**Freude an Gottes Schöpfung (Ps 104)**<br>**Der weise König Salomo (1. Kön 3)**<br>**Alles hat seine Zeit (Pred 3)** | Die Psalmen sind die in der Religionspädagogik am meisten beachteten biblischen Texte. Standard ist die Behandlung der Psalmen 23 und 104 bereits in den ersten beiden Klassenstufen. Zusätzlich wird der Psalm 8 zur vertieften Auseinandersetzung mit der Schöpfung und dem Aspekt »Mensch« angeboten.<br>Die Symbole orientieren sich hierbei an Bezugstexten (z.B. Schöpfungssymbole). | 5–10 |
| **Der Prophet Elija (1. Kön 16–17)**<br>**Elija bei der Witwe von Sarepta (1. Kön 17)**<br>**Elija rettet den Sohn der Witwe (1. Kön 17)**<br>**Elija in der Wüste (1. Kön 19)**<br>**Amos spricht gegen die Ungerechtigkeit (Am 5)** | Eher selten findet im Primarbereich die Elija-Erzählung Beachtung. Sie eignet sich jedoch gut dazu, die Prophetengestalten einzuführen. Elija sollte schon früh bekannt sein (große Bedeutung im Judentum bei der Beschneidung und am Pesach-Fest; Jesus als der »neue Elija«). Es empfiehlt sich, die Wunder Elijas mit den Wundergeschichten Jesu in Verbindung zu bringen (Klasse 3–4). Dadurch wird deutlich: Wunder zeigen das heilende Wirken Gottes. Er macht heil, satt und kann sogar vom Tode erlösen.<br>Aktionssymbol der Propheten ist die anklagende Hand. | 8–10 |
| **Daniel in Babylon (Dan 1)**<br>**Daniels Freunde im Feuerofen (Dan 3)**<br>**Daniel in der Löwengrube (Dan 6)** | Daniel ist in der Grundschule ebenfalls kaum Thema, eher im Kindergottesdienst. Das Symbol der »Löwengrube« ist allerdings oft bekannt. Da auch die Bildebene verstanden werden muss, empfiehlt es sich, diese Geschichte erst später einzusetzen.<br>Grundsymbole sind der babylonische Turm (Ort), der Feuerofen und der Löwe. | 8–10 |
| **Jona flieht (Jona 1)**<br>**Jona im Bauch des Fisches (Jona 2)**<br>**Jona geht nach Ninive (Jona 3)**<br>**Gott liebt alle Menschen (Jona 4)** | Mit der Jonaerzählung begegnen Kinder oft zum ersten Mal einer Prophetengestalt. Sie kann sowohl früh, als auch erst in der Klassenstufe 3–4 eingeführt werden. Die Geschichte macht deutlich, dass Gott Menschen in Anspruch nimmt, aber dass seine Aufgabe nicht einfach ist.<br>Grundsymbole der Jona-Geschichte sind der Fisch, in dessen Bauch Jona drei Tage verbringt, die prophetische Hand und die Staude, unter der Jona Schutz vor der Sonne findet und die Gott eingehen lässt, um ihm zu zeigen, dass es ihm um das Wohl des Menschen geht. | 7–10 |

| | | |
|---|---|---|
| **Die Hoffnung der Menschen (Jes 9.11)** | Im Zusammenhang mit Weihnachten tauchen in fast allen Lehrplänen die Messiasverheißungen Jesajas auf. Hier ist darauf zu achten, dass messianische Weissagungen des Alten Testaments nicht einfach neutestamentlich vereinnahmt werden. Dazu muss der Unterschied zwischen Altem und Neuem Testament eingeführt sein (in der Regel ab Klassenstufe 3). | 7–10 |

## *II. Geschichten und Basistexte aus dem Neuen Testament*

### Erste Geschichten von Jesus

| | | |
|---|---|---|
| **Elisabet und Zacharias (Lk 1)**<br>**Ein Engel kündigt die Geburt von Jesus an (Lk 1)**<br>**Johannes wird geboren (Lk 1)**<br>**Maria und Josef gehen nach Betlehem (Lk 2)**<br>**Jesus wird geboren (Lk 2)**<br>**Die Hirten auf dem Feld (Lk 2)**<br>**Die Hirten kommen zu Jesus (Lk 2)**<br>**Der Stern (Mt 2)**<br>**Die Sterndeuter finden Jesus (Mt 2)**<br>**Josef, Maria und Jesus müssen fliehen (Mt 2)**<br>**Der zwölfjährige Jesus im Tempel (Lk 2)**<br>**Johannes tauft Jesus (Lk 3)** | Die beiden Weihnachtserzählungen nehmen im Primarunterricht einen breiten Raum ein. Dabei ist darauf zu achten, dass die Geschichten nicht vermischt werden wie es in der Krippentradition geschieht (vgl. hierzu S. 4). Der hier vorgeschlagene Weg orientiert sich zunächst an der Erzählung nach Lukas (1–7), stellt dann aber die Weihnachtsgeschichte nach Matthäus dar (8–10). Es empfiehlt sich, die beiden Erzählungen getrennt voneinander anzubieten.<br>Grundsymbole sind bei Lukas der Engel, die Wachstafel, Betlehem (Ort), die Futterkrippe und der Hirtenstab. Grundsymbole bei Matthäus sind der Stern und die drei königlichen Geschenke.<br>Fortgeführt wird die Erzählung bei Lukas durch die Geschichte des zwölfjährigen Jesus im Tempel. Schließlich setzt die Taufe Jesu einen Schlusspunkt unter seine wenig bekannte Kindheitsgeschichte. Grundsymbol bei der Taufe ist die Taube. | 5–10 |

### Jesus begegnet vielen Menschen

| | | |
|---|---|---|
| **Jesus trifft Simon (Lk 5)**<br>**Jesus findet viele Begleiter (Lk 8; Mk 1)**<br>**Maria und Marta (Lk 10)**<br>**Zachäus auf dem Baum (Lk 19)**<br>**Zachäus ändert sich (Lk 19)**<br>**Jesus und die Ehebrecherin (Joh 8)**<br>**Jesus und der Ruhetag (Mk 2)**<br>**Jesus und die Kinder (Mk 10)** | Der Komplex »Jesus-Begegnungen« umfasst zunächst die Jüngerberufung, die in der Regel in den Klassen 1–2 verortet wird, und die Geschichte von Maria und Marta. Dazu kommen das zu Beginn der Schulzeit behandelte »Kinderevangelium« und die Begegnung mit den Sündern (Zachäus, Klasse 1–2, die Ehebrecherin kommt im Primarbereich über das Wort »... der werfe den ersten Stein« vor). Auch Streitgespräche (wie z.B. das über den Sabbat) sowie viele Wundergeschichten und Gleichnisse gehören zu den Begegnungsgeschichten. | 5–10 |

### Jesus hilft den Menschen (Wundergeschichten)

| | | |
|---|---|---|
| **Jesus heilt einen Aussätzigen (Mk 1)**<br>**Der Gelähmte (Mk 2)**<br>**Jesus heilt den Gelähmten (Mk 2)**<br>**Jesus und die Tochter von Jairus (Mk 5)**<br>**Der blinde Bartimäus (Mk 10)**<br>**Jesus heilt Bartimäus (Mk 10)**<br>**Jesus im Sturm auf dem See (Mk 4)**<br>**Jesus gibt vielen Menschen zu essen (Mk 6)**<br>**Die Hochzeit in Kana (Joh 2)** | Zu den ersten Jesuserzählungen der Primarstufe zählen Wundergeschichten, die zeigen, dass eine Begegnung mit Jesus heilsam sein kann. Dazu zählt die Heilung von einer Krankheit, aber auch von ihren Folgen. Aussätzig, gelähmt und blind zu sein bedeutet, von der Gesellschaft ausgestoßen zu sein. Durch die Heilungen finden Menschen wieder zurück in die Gemeinschaft. Dazu kommt die tiefere Bedeutung von »Sehen« oder »Sich-wieder-bewegen-können«.<br>Geschenkwunder wie der Seesturm oder die Speisungswunder setzen demgegenüber ein differenziertes Verständnis der Wirklichkeit voraus. Es empfiehlt sich, diese erst später anzubieten. Die Symbole sind je nach Geschichte unterschiedlich (z.B. Boot bei der Sturmstillung = Symbol für die Kirche). | 6–10<br><br><br><br><br><br><br>8–10 |

## Jesus spricht zu den Menschen (Bergpredigt und Gleichnisse)

| | | |
|---|---|---|
| **Jesus tröstet (Mt 5)**<br>**Jesus macht Mut (Mt 5)**<br>**Wie wir miteinander umgehen sollen (Mt 5–7)**<br>**Wie wir beten sollen (Mt 6)**<br>**Jesus nimmt die Sorgen (Mt 6)** | Die Bergpredigt ist einer der zentralen Texte, in denen die Botschaft und Ethik Jesu vermittelt werden. Das Vaterunser und die Goldene Regel können früh eingeführt werden. »Jesus macht Mut« hat bei den Bildworten und Gleichnissen Jesu seinen Ort (Klasse 3–4). In dieser Alterstufe werden auch weitere ethische Worte der Bergpredigt, die Seligpreisungen und Jesu Rede von der Sorge behandelt.<br>Symbol ist der angedeutete Berg unter dem Jesuswort. | 5–10 |
| **Wer ist Jesus? (Joh 8.10.14.15)** | Häufig werden die Jesusworte des Johannesevangeliums vorgeschlagen. Mit ihnen lässt sich zeigen, wie die ersten Christen die Person Jesu deuteten. So waren auch die ersten bildlichen Darstellungen Jesu die des guten Hirten. Die in den Bildworten enthaltenen Grundsymbole Licht, Weg, Hirte und Weinstock können als Rahmen um die Worte gestaltet werden. | 8–10 |
| **Jesus erzählt vom Sämann (Mk 4)**<br>**Jesus erzählt vom barmherzigen Samariter (Lk 10)**<br>**Der Samariter hilft (Lk 10)**<br>**Jesus erzählt vom verlorenen Schaf (Lk 15)**<br>**Jesus erzählt vom gütigen Vater (Lk 15)**<br>**Dem Sohn geht es schlecht (Lk 15)**<br>**Der Sohn kehrt heim (Lk 15)**<br>**Jesus erzählt von den Arbeitern im Weinberg (Mt 20)**<br>**Der Lohn für die Arbeiter im Weinberg (Mt 20)**<br>**Das große Festessen (Lk 14)** | Die Gleichnisse Jesu werden in der Regel für die Klassen 3–4 vorgeschlagen. Bereits in den Klassen 1–2 begegnet uns das Gleichnis vom »Barmherzigen Samariter«, bei dem meist der Gesprächskontext (Doppelgebot der Liebe) ausgeblendet wird. Dies widerspricht dem Sinn des Gleichnisses, da es hier um mehr als um eine ethische Anweisung geht, nämlich um die grundsätzliche Frage: Wer ist mein Nächster im Kontext des Doppelgebots der Liebe? Bei der differenzierteren Wahrnehmung biblischer Texte in Klasse 3–4 kann der Sinn der Gleichnisse besser erfasst und die Botschaft von Gott und seiner neuen Welt erschlossen werden. Symbole bei den Gleichnissen sind jeweils auf den Erzählzusammenhang bezogen (z.B. Acker, Schaf, Schwein, Weinrebe, Festtafel). | 7–10 |

## Jesus stirbt und kommt ins Leben zurück

| | | |
|---|---|---|
| **Jesus zieht in Jerusalem ein (Mk 11)**<br>**Jesus vertreibt die Händler (Mk 11)**<br>**Das letzte Abendmahl (Mk 14)**<br>**Jesus wäscht den Jüngern die Füße (Joh 13)**<br>**Im Garten Getsemani (Mk 14)**<br>**Jesus wird verhaftet (Mk 14)**<br>**Petrus will Jesus nicht mehr kennen (Mk 14)**<br>**Jesus wird verurteilt (Mk 15)**<br>**Jesus stirbt am Kreuz (Mk 15 )**<br>**Das leere Grab (Mk 16)**<br>**Auf dem Weg nach Emmaus (Lk 24)**<br>**Die Jünger erkennen Jesus (Lk 24)**<br>**Jesus zeigt sich seinen Jüngern in Jerusalem (Lk 24)**<br>**Jesus sendet seine Jünger in die Welt (Mt 28)**<br>**Jesus geht zum Vater (Apg 1)** | Grundzüge der Passions- und Ostergeschichte werden bereits früh eingeführt. Der komplette Erzählzyklus wird allerdings erst ab 7–8 Jahren vorgeschlagen. Dabei stehen beim Thema »Kirchenjahr« (Klasse 3) der Einzug in Jerusalem (Palmsonntag), das letzte Abendmahl (Gründonnerstag), der Tod Jesu (Karfreitag), die Auferstehung Jesu (Ostersonntag) und seine Himmelfahrt im Vordergrund.<br>Grundsymbole der Passionsgeschichte sind Brot und Wein (in der Abendmahls- und der Emmaus-Geschichte), der Ölbaum (Garten Getsemani) und der Soldatenhelm (Verhaftung). Der Karfreitag wird durch einen dunklen Hintergrund dargestellt. Das offene Rollsteingrab symbolisiert Ostern. | 6–10 |

### Geschichten von den ersten Christen

| | | |
|---|---|---|
| **Gottes Geist kommt zu den Jüngern (Apg 2)**<br>**Alle verstehen die Jünger (Apg 2)**<br>**Die Gemeinschaft der ersten Christen (Apg 2)**<br>**Philippus trifft einen afrikanischen Minister (Apg 8)**<br>**Der Minister lässt sich taufen (Apg 8)**<br>**Paulus begegnet Jesus (Apg 9)**<br>**Paulus wird Christ (Apg 9)**<br>**Paulus erzählt von Jesus (Apg 16)**<br>**Paulus im Gefängnis (Apg 16)**<br>**Paulus fährt nach Rom (Apg 27–28)**<br>**Paulus schreibt über die Liebe (Röm 8; 1. Kor 13)**<br>**Gottes neue Welt (Offb 21)**<br>**Gott wohnt bei den Menschen (Offb 21)** | Die Geschichten der ersten Christen sind in der Regel Stoff ab Klasse 5. Allerdings gibt es darunter auch Klassiker des Primarbereichs, nämlich die Pfingstgeschichte (»Kirchenjahr«), oder auch Philippus und der äthiopische Kämmerer, sodass bereits hier der Zusammenhang mit dem Erzählkomplex Apostelgeschichte sinnvoll hergestellt werden kann. Neuere Grundschulpläne regen sogar an, die Biographie des Paulus in der Primarstufe zu behandeln. Der Text zur Offenbarung zeigt die christliche Hoffnung auf die neue Welt Gottes. Mit dieser Hoffnung wird schließlich der Bogen zum Anfang der Bibel, zu Gottes guter Schöpfung, geschlagen.<br>Symbole in diesem Komplex sind der Gemeinschaftstisch der ersten Christen, das Wagenrad des afrikanischen Ministers, das Schreibwerkzeug von Paulus und die Symbole der Offenbarung, das himmlische Jerusalem und die Sonne als Sinnbild für die neue Schöpfung. | 8–10 |

## c) Beispiele der Umsetzung

In einer breit angelegten Erprobungsphase wurde die »Kinder-Bibel zum Selbstgestalten« in unterschiedlichen Kontexten getestet. Die Textgrundlage war für Kinder ab der zweiten Klasse in der Schule und im Kindergottesdienst hierbei kaum ein Problem. In Klasse 1 wurde zumeist noch vorgelesen und die Kinder konnten den Text dann nachlesen. Dass mit den Gesichtern, Symbolen und Hintergründen ein Orientierungspunkt gegeben ist, fanden sowohl die Kleinen (5–7 Jahre), als auch die ungeübten Großen (8–10 Jahre) gut.

Hier nun einige Mal-Beispiele der Kinder:

**❒ Gesichter und Figuren am Beispiel Jesus (Vorlage: Kinder-Bibel zum Selbstgestalten S. 117)**

Erste Reihe: Junge, 7 Jahre / Junge, 8 Jahre / Junge, 9 Jahre / Junge, 9 Jahre (selbst dunkelhäutig)
Zweite Reihe: Mädchen, 7 Jahre / Mädchen, 8 Jahre / russlanddeutsches Mädchen, das »seinen« Jesus als Kopie mitbrachte und einklebte, 8 Jahre / Junge, 10 Jahre

## ❒ Beispiel: Engel

Engel als »unbeschreibliche Gestalten« stellen ein großes Problem in der Gestaltung von Ausmal- und Kinder-Bibeln dar (vgl. S. 3–4). Die Beispiele der Kinder zeigen, wie unterschiedlich Engelsgestalten wahrgenommen werden und wie offen Kinder mit dem Konzept der »Kinder-Bibel zum Selbstgestalten« umgehen. Bearbeitet wurde die Seite 89 der »Kinder-Bibel zum Selbstgestalten«. (Anmerkung: Alle 240 Kinder malten die Engel mit Flügeln!)

Erste Reihe: Junge, 6 Jahre / Junge, 6 Jahre / Mädchen, 8 Jahre / Mädchen, 9 Jahre
Zweite Reihe: Mädchen, 8 Jahre / Mädchen, 8 Jahre / Mädchen, 10 Jahre
Dritte Reihe: Mädchen, 6 Jahre / Mädchen, 10 Jahre

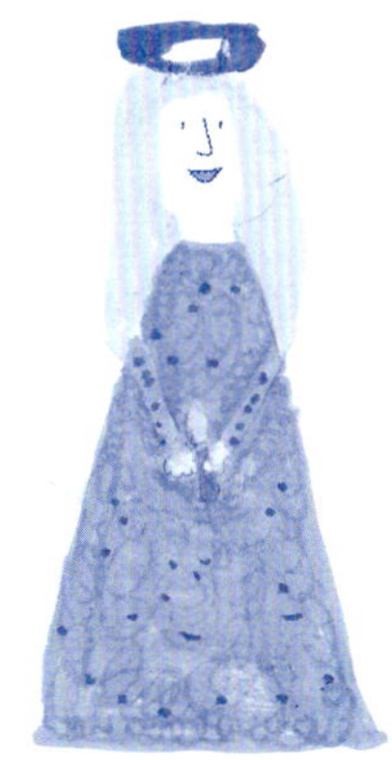

Ein Engel kündigt die Geburt von Jesus

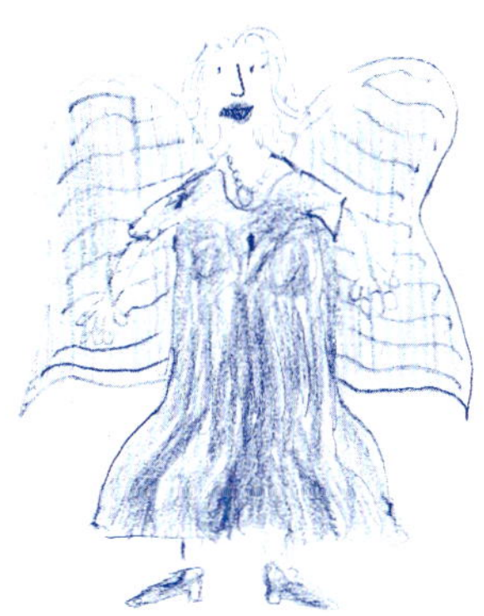
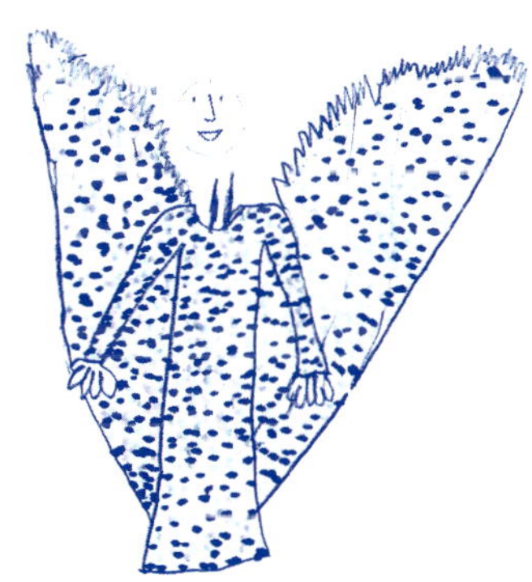

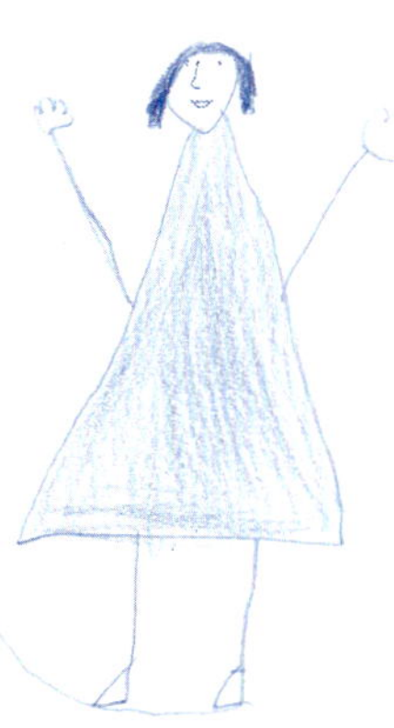

### ❒ Beispiel: Gleichnisse

Gleichnis vom barmherzigen Vater / verlorenen Sohn (Lk 15,11–32) (»Kinder-Bibel zum Selbstgestalten« S. 127)

**Jesus erzählt vom gütigen Vater**

Jesus erzählt ein Gleichnis: „Ein Mann hat zwei Söhne. Der jüngere Sohn sagt zu ihm: ‚Vater, gib mir jetzt schon das Geld, das ich einmal von dir erbe.'

Der Vater gibt es ihm. Der Sohn nimmt das Geld und zieht in ein fernes Land. Dort lebt er in Saus und Braus. Bald hat er das ganze Geld ausgegeben.

Gleichnis vom Sämann (Mk 4) (»Kinder-Bibel zum Selbstgestalten« S. 123)

**Jesus erzählt vom Sämann**

Jesus erzählt ein Gleichnis:
„Ein Bauer sät auf seinem Feld. Einige Samen fallen auf den Weg. Da kommen Vögel ünd picken sie auf. Einige Samen fallen auf steiniges Land. Die Sonne verbrennt die jungen Pflanzen.

Einige Samen fallen unter die Sträucher. Sie haben keinen Platz und keine Sonne zum Wachsen.
Aber einige Samen fallen auf gutes Land. Sie bringen schöne Ähren hervor." Jesus sagt: „So werden meine Worte auch bei euch auf fruchtbaren Boden fallen."

Gleichnis von den Arbeitern im Weinberg (Mt 20) (»Kinder-Bibel zum Selbstgestalten« S. 131)

**Der Lohn der Arbeiter im Weinberg**

Spät am Abend gibt der Bauer jedem Arbeiter eine Silbermünze als Lohn. Da rufen die Arbeiter, die früh am Morgen angefangen haben: \`Das ist ungerecht! Warum bekommen wir nicht mehr Lohn?

Wir haben doch viel länger gearbeitet!´ Aber der Bauer sagt: \`Ich habe euch ein Silberstück versprochen. Das habt ihr bekommen. Ich bin gerne großzügig. Ist das etwa ungerecht?´

## d) Arbeitsformen und Präsentation der Ergebnisse

Die Erarbeitung und Präsentation von Ergebnissen zur »Kinder-Bibel zum Selbstgestalten« kann recht unterschiedlich aussehen:

❒ ***Einzelarbeiten und Präsentation mit Erläuterung im Stuhlkreis***
Die Kinder gestalten eine Seite ihrer »Kinder-Bibel«. Anschließend präsentiert jedes Kind sein persönliches Ergebnis, wenn möglich im Stuhlkreis. Die Kinder suchen nach Gemeinsamkeiten und Unterschieden in ihrer Interpretation der biblischen Geschichte.

❒ ***Gruppenarbeit und Präsentation der Ergebnisse vor der Gesamtgruppe***
Ein größerer Erzählzyklus (z.B. Mose) wird in der Gruppe so aufgeteilt, dass kleine Teams zu je zwei Personen jeweils eine Seite des Zyklus gestalten. Die Kinder setzen in ihrer »Kinder-Bibel zum Selbstgestalten« zuerst ihre eigenen Ideen um und besprechen diese dann miteinander. Dann können sie sich weitere kreative Ideen überlegen, wie der Abschnitt ihrer Geschichte vorgestellt werden kann (hierzu S. 25–27). Jede Gruppe stellt in der Reihenfolge der Erzählung ihre Ergebnisse vor.

❒ ***Präsentation der Ergebnisse mit Power-Point***
Die gestalteten »Kinder-Bibel«-Seiten werden mit einem Digitalfotoapparat abgelichtet oder gescannt und die Fotos/Scans in eine Power-Point-Präsentation eingebunden. Damit kann man die Ergebnisse auch im Rahmen einer größeren Veranstaltung präsentieren (Schulaufführung, Gottesdienst, Gemeindefest ...).

❒ ***Herstellung und Präsentation von selbstgestalteten OV-Folien***
Die Kinder bekommen eine Folie und geeignete farbige Stifte und Wasserfarben. Sie legen die Folie auf ihre »Kinder-Bibel zum Selbstgestalten« und zeichnen die Umrisse der Zeichnung ab. Dann gestalten sie die Folie weiter. Mithilfe von Folienstiften und Wasserfarben werden die Bilder zu Ende gemalt.
Auch mit dieser Methode können die Kinder ihre Ergebnisse bei Veranstaltungen oder in Gottesdiensten präsentieren.

❒ ***Erarbeiten eines (gemeinsamen) Tafelbildes***
Besonders in Lernsituationen, in denen Kindern kein eigenes Exemplar einer »Kinder-Bibel zum Selbstgestalten« zur Verfügung steht, kann eine Zeichnung auch in Form eines Tafelbildes entstehen und präsentiert werden. Farbige Kreide muss dazu allerdings vorhanden sein. Die Kinder können ein Tafelbild auch gemeinsam entwickeln (siehe Foto S. 13).

❒ ***Poster***
Eine »Kinder-Bibel«-Zeichnung kann auch in die Form eines Posters gebracht werden. Ein Poster kann von vier bis acht Kindern gestaltet werden. Als Motive bieten sich beispielsweise Poster mit den Jesusbildern oder Engelbildern der Kinder an (vgl. S. 20–21).

# 4. Kreative Wege der Weiterarbeit mit biblischen Geschichten

## 4.1 Biblische Geschichten in Szene setzen

Kinder in der Primarstufe oder im Kindergottesdienst setzen gerne biblische Geschichten spielerisch in Szenen um. Die Texte und Bilder der »Kinder-Bibel zum Selbstgestalten« können dabei als Regieanweisungen dienen.

### a) Einzelbild (Standbild, Dia) – Bildfolge (Diashow) darstellen

Die Einstiegsmethode in das darstellende Spiel geschieht über Einzelbilder oder Bildfolgen. Kinder hören oder lesen eine biblische Geschichte und bereiten sie in der »Kinder-Bibel« gestalterisch auf.

Dabei kann man fragen: »Was ist für euch das wichtigste Bild (z.B. in der Erzählung von Josef ...)?« Durch die Konzentration auf eine Szene müssen die Kinder nun eine Auswahl treffen und die gewählte Szene dann schauspielerisch darstellen. Dabei können die Kinder unterschiedliche Rollen einnehmen: Sie können Personen darstellen, aber auch Bäume, ein Reittier oder einen Gegenstand. Durch wilde Armbewegungen kann ein Sturm angedeutet werden oder ein strahlendes Gesicht und ausgebreitete Arme die Sonne symbolisieren. Auch sollte darauf geachtet werden, durch eindeutige Haltung oder Mimik eine Gefühlslage auszudrücken.

### b) Pantomime – Rollenspiel – Stabfigurenspiel – Schuhkartontheater

Eine Steigerung innerhalb der Darstellung ist ein Spiel ohne Worte (Pantomime) oder ein Spiel mit Worten (Rollenspiel bis Musiktheater). Beide Formen können durch Stabfiguren unterstützt werden, die auf Grundlage der »Kinder-Bibel zum Selbstgestalten« entstehen. **Stabfiguren** können auf mehreren Wegen hergestellt werden. Man braucht dazu festes Kartonpapier.

- Gesichter der »Kinder-Bibel zum Selbstgestalten« werden auf große Bögen aufgemalt und von den Kindern weiter gestaltet. Es kann ein Porträt oder eine komplette Figur entstehen. Dann werden die Konturen ausgeschnitten. Als Haare können Wollfäden verwendet werden. Eine längere Holzleiste und ein kürzeres Stück werden in Kreuzform zusammengeklebt. Dieses Kreuz bildet den Korpus, der mit einem Stofftuch »angezogen« werden kann. An das obere Ende des Korpus wird der gestaltete Kopf geklebt.
  Auf die Rückseite der Stabfiguren können bei einer Aufführung Dialog- oder Erzähltexte angebracht werden. Die Dialog- oder Erzähltexte können aus dem Textbestand der »Kinder-Bibel zum Selbstgestalten« entwickelt werden.
- Für ein »Stäbchenfigurentheater« braucht man kleine Kopien der Gesichter und Symbole. Ein Holzspieß wird hinter die Kopie geklebt. Ein vorne und oben offener Schuhkarton bildet die Kulisse, daher auch der Name »Schuhkartontheater.«

## 4.2 Biblische Geschichten als Sprechgesang gestalten

Mit Kindern ab neun Jahren (Klasse 3–4) lassen sich biblische Geschichten auch in einen Sprechgesang (Rap) umsetzen. Grundlage ist der Text der »Kinder-Bibel zum Selbstgestalten«. Die Kinder überlegen sich Verse und einen Refrain in der Reimform des Rap. Beispiel: Mose, 4. Klasse, Rap zur »Kinder-Bibel zum Selbstgestalten«:

| | |
|---|---|
| *Refrain: Mose, Mose, habe Mut, befrei dein Volk, dann geht's ihm gut:\|* | |
| *Viele Jahre sind vergangen, Josef ist schon lange tot, da kommt ein neuer König, die Israeliten sind in Not.* | *Sie müssen Städte bauen, aus Lehm und Wüstensand, jeden Tag nur schuften, als Sklave in dem Land.* |

*Hinweis: Zur Methode siehe Peter Bubmann / Michael Landgraf, Musik in Schule und Gemeinde, Calwer Verlag, Stuttgart 2006*

## 4.3 Meditationen zu biblischen Geschichten

### a) Phantasiereise in die biblischen Geschichten

Gerade im frühen Primarbereich haben die Kinder noch kein Gefühl für die Zeit, in der die biblischen Geschichten spielen. Durch eine Phantasie-Zeitreise können Kinder ein Gefühl für die damalige Zeit und den zeitlichen Abstand entwickeln. Beispiel:

Die Kinder sitzen in einem Klassenraum an ihren Bänken. Der/die Lehrer/in sagt:

*»Wir stehen auf und steigen in unser Zeit-Reisemobil ein.«* (Die Kinder stehen von dem Platz auf, gehen neben die Bank und steigen auf ihren Sitzplatz wieder ein wie in ein Auto.)

*»Jetzt sind wir gespannt – gleich geht es los auf unsere Zeitreise. Wir werfen den Motor an.«* (Die Kinder machen einen startenden Motor nach.)

*»Dann treten wir in die Pedale.«* (Die Kinder bewegen die Füße wie bei einem Fahrrad.)

*»Wir schließen die Augen und machen unsere Zeitreise.«* (Die Kinder machen einen steigernden Ton – summend oder »Huuuuuuuuuuuuh«.)

Der/die Lehrer/in klatscht einmal und sagt.

*»Jetzt sind wir im alten Israel zur Zeit von Abraham (Mose, Jesus ...) angekommen. Wir steigen aus dem Zeit-Reisemobil aus.«* (Die Kinder stehen auf und steigen aus.)

*»Es riecht nach duftenden Kräutern und wir spüren einen warmen Wind.«* (Der/die Lehrer/in hat ein Glas mit Basilikum bzw. mediterranen Kräutern, das er/sie öffnet, und geht damit im Raum umher/hält es den Kindern unter die Nase.)

*»Wir sehen Menschen. Sie haben weite Gewänder aus Wolle an und sitzen auf dem Boden. Sie erzählen sich eine Geschichte.*
*Wir setzen uns dazu und schlagen die Augen auf.«*

Die Kinder schlagen die Augen auf. Die biblische Geschichte wird erzählt und mithilfe der »Kinder-Bibel zum Selbstgestalten« wiederholt und gestaltet (vgl. dazu die Erzählhinweise S. 8).

### b) Schreibmeditationen (Dilemma-Geschichte weiterschreiben)

Viele biblische Geschichten sind spannungs- und konfliktreich. Beim Lesen fragt man sich oft: »Wie geht das wohl weiter?« Wenn Josef von den Händlern nach Ägypten geführt wird, wenn Mose am brennenden Dornbusch erfährt, dass er nach Ägypten zurückkehren soll, wenn Jesus das Gleichnis vom verlorenen Sohn erzählt und der Sohn sich beim Schweinehüten fragt, wie sein Vater ihn wohl empfangen würde – all das sind Szenen, die Kinder selbst weiterentwickeln können. Durch das einfache »Kinder-Bibel«-Konzept können Kinder Gesichter auf ein leeres Blatt übertragen und einen eigenen Fortgang der Geschichte malen. Dann können sie in der »Kinder-Bibel zum Selbstgestalten« nachschauen, wie die Geschichte weitergeht.

### c) Symbolmeditationen

Im Anschluss an die Lektüre der »Kinder-Bibel zum Selbstgestalten« können zentrale Symbole wie der Regenbogen oder der Stern der Weihnachtsgeschichte als Grundlage für eine Meditation dienen.

### d) Gebete zu den biblischen Geschichten selbst formulieren

Im Anschluss an die kreative Gestaltung einer biblischen Geschichte mithilfe der »Kinder-Bibel zum Selbstgestalten« können von den Kindern meditative Texte / Gebete formuliert werden (z.B. ein Gebet für die Lebewesen in der Arche, für die streitenden Brüder Esau und Jakob, für Josef im Gefängnis, für den »verlorenen Sohn« bei den Schweinen ...). In der »Kinder-Bibel« kann dieses Gebet auf die freie Rückseite des gegenüberliegenden Blattes geschrieben werden.

### e) Psalmen schreiben

Wie Gebete können auch Psalmen selbst geschrieben werden. Die Kinder haben die Möglichkeit, sich dabei an den in der »Kinder-Bibel zum Selbstgestalten« vorgestellten Psalmen zu orientieren.

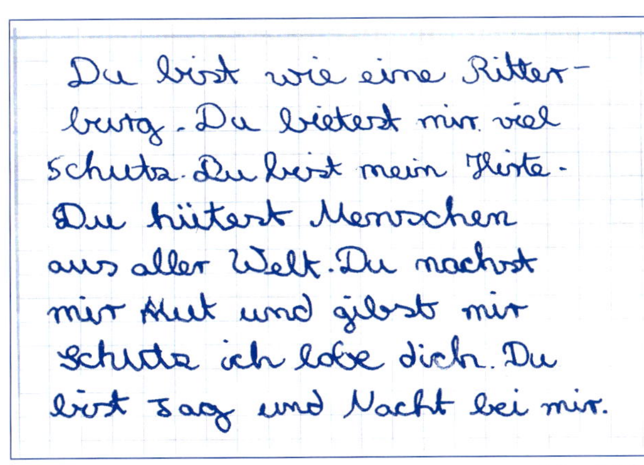
Du bist wie eine Ritter-
burg. Du bietest mir viel
Schutz. Du bist mein Hirte.
Du hütest Menschen
aus aller Welt. Du machst
mir Mut und gibst mir
Schutz ich lobe dich. Du
bist Tag und Nacht bei mir.

Nina, 9 Jahre

## 4.4 Spielen mit den Geschichten aus der »Kinder-Bibel zum Selbstgestalten«

Einfache Multifunktionskarten mit den wichtigsten Gesichtern und Grundsymbolen (S. 27–30) können nach der Behandlung von biblischen Geschichten im Unterricht oder am Ende der Primarzeit gut für ein

Wiederholungs-, Memory- oder Verknüpfungsspiel eingesetzt werden.

Als **Memory-Spiel** werden doppelte Kopien der Vorlagen gemacht und anschließend ausgeteilt. Die Kinder gestalten die Gesichter und Symbole weiter oder malen sie farbig aus. Die fertigen Bild-Karten können laminiert werden. Die Quadrate werden ausgeschnitten und dienen nun als Memory-Karten.

Statt zwei Bilder zu verwenden können zu einem Bild die entsprechenden Namen der Personen, Symbole oder auch Kurzinfos zur Person bzw. zum Symbol auf leere Karten geschrieben werden.

Eine weitere Möglichkeit für ältere Kinder ist ein **Verknüpfungsspiel**. Jeder erhält fünf Karten. Eine der restlichen Karten wird aufgedeckt. Es wird ausgelost, wer die Geschichte zum aufgedeckten Gesicht oder Symbol erzählen soll. Der Erzähler legt dann eine weitere Karte daneben. Der nächste muss die Erzählung weiterführen, indem er einen Anknüpfungspunkt zur zuvor erzählten biblischen Geschichte findet.

*Beispiel*: Die Karte mit dem Körbchen (Mose) liegt auf dem Tisch. Ein Spieler legt die Pyramiden an und erzählt: »Eine andere Geschichte aus Ägypten ist die, in der Maria und Josef mit Jesus nach Ägypten fliehen mussten.« Weitere Verknüpfungsmöglichkeiten wären: »Eine andere Geschichte aus dem Alten Testament ist ...«/ »Ein anderer, der auch in Gefahr war ...«/ »Eine andere Geschichte, in der Gott Menschen geholfen hat …«/ »Eine andere Geschichte, in der Gott Menschen begleitet hat ...«.

## Multifunktionskarten: Symbole (Auswahl)

## Multifunktionskarten: Gesichter

Die Gesichter auf den Karten können mithilfe der »Kinder-Bibel zum Selbstgestalten« zugeordnet werden.
Wer Karten mit fehlenden oder zusätzlichen Gesichtern herstellen möchte, kann dazu die leeren Karten verwenden.

## Karten selbst machen